SERVING OTHERS THROUGH GOD

RICHARD BERGER

Table of Contents

English Version 4
Introduction 6
Acknowledgments 7
Chapter 1 ~Serving Others 12
Chapter 2 ~The Invitation 18
Chapter 3 ~Begin Mission 22
Chapter 4 ~Arrival In Tijuana 28
Chapter 5 ~Devotions 32
Chapter 6 ~Homebuilding 36
Chapter 7 ~Fellowship 42
Chapter 8 ~Final Day 46
Chapter 9 ~Home Dedication 52
Chapter 10 ~Mission Accomplished 56
Chapter 11 ~Testimonial 60
Chapter 12 ~About The Author 64
Spanish Version 66
Introducción 69
Reconocimientos 70
Capítulo 1 ~Servir a los demás 74
Capítulo 2 ~La invitación 80
Capítulo 3 ~ Comienza la misión 84
Capítulo 4 ~Llegada a Tijuana 90
Capítulo 5 ~Devociones 94
Capítulo 6 ~Construcción de viviendas 98
Capítulo 7 ~Compañerismo 104
Capítulo 8 ~Día Final 108

Capítulo 9 ~ Dedicatoria del hogar 114
Capítulo 10 ~Misión cumplida 118
Capítulo 11 ~Testimonio 122
Capítulo 12 ~Sobre el autor 126

Richard Berger 3

4..Serving Others Through God

ENGLISH VERSION

SERVE OTHERS

Richard Berger 5

INTRODUCTION

This book serves as a testimony for my experiences on several mission trips to Tijuana, Mexico with Grace Presbyterian Church in Plano, Texas. Beginning in 2002 to 2007, I participated in 7 trips total. Each trip was unique and different in so many ways. Whether we were building a home, Sunday school or a church over a four-day period, God was directing us in every single step of the journey.

From the moment that I was invited to attend my first trip, I knew that God was at work uniting our team together to answer the prayers of so many people needing a decent place for their families to live.

Throughout this book, I will provide many accounts of when I saw God at work. This could be both physical and spiritual. After all, mission trips are encouraged by our church to change you on the inside. Making you have a closer relationship with God. Giving you the experience to not only serve others in need but also find immense gratitude for what each of us has been given when we return home.

These trips opened my eyes to a whole new meaning in life. I was forever changed on the inside spiritually.

Richard Berger..7

ACKNOWLEDGMENTS

Let me begin by showing thanks and appreciation for everything that was made available to me through Larry Thorsen, Associate Pastor, at Grace Presbyterian Church (GPC) in Plano, Texas. From Larry's guidance and passion to serve, he created a Mission Group to build homes for less fortunate people in Tijuana, Mexico.

The mission team budget came from member offerings and was used to fund the home building materials coordinated through Baja Christian Ministries (BCM), in California.

To my good friend and founder of Baja Christian Ministries (BCM), Bob Sanders, I want to thank him personally for his support, friendship, and unwavering passion to lead other people to Christ.

He would always reference verses in the bible that meant a lot to him, most of his inspiration coming from Isaiah 58.

Serving others is his passion. He created a wonderful ministry to change people's lives in Tijuana, Mexico by building new homes. He would always treat me like a father, demonstrating kindness and compassion. For that I am eternally grateful.

Richard Berger..9

To Mary Webers, GPC Mission Team Leader, for giving me the opportunity and encouragement to take my first mission trip. She was extremely encouraging and saw my God given talents that would make a big difference on our mission trips.

To both Rodney Scott and Al Day, GPC Mission Team Leaders, for helping to guide me through every phase of the building process. They put me to work in all the correct areas where I could provide the best value. Both were true craftsmen at building homes and possessed a true passion for serving others in need. I appreciate them for showing faith in me to not only lead the daily devotions but also to lead the home dedications.

Richard Berger 11

CHAPTER 1 ~SERVING OTHERS

As each one has received a special gift, employ it in serving one another as good stewards of the manifold grace of God.

1 Peter 4:10

Richard Berger...13

We all have a notion of what serving others means. Until we actually commit to an event, we really don't know the extent to which we will truly be changed. In today's fast-paced world, it can be really hard to pull yourself away for a day out of a weekend or a week away from home which can be literally impossible.

Believe me, I have been in both situations when given the opportunity to serve. Many years ago, when I was attending church in North Texas, I was introduced to a group of people who coordinated any event that involved being of service to others. This included not only visiting homeless shelters to feed hundreds of people but spending time also feeding and comforting people living under a bridge or traveling on a four-day mission trip to build someone a modest new home.

As we all grow and mature in our lives, we often have thoughts of things we could do to make our lives have more meaning. Many of us seek out something to make us feel good about helping others in need. When we get involved in a local charity event or short mission trip, there is a sense of purpose and fulfillment we feel inside. If you're part of a team that joins together from your local church, then you not only feel a sense of satisfaction but also have an opportunity to grow in fellowship with other church members. By serving others, Jesus did what his father wanted Him to do. When we serve someone else, we are really serving God.

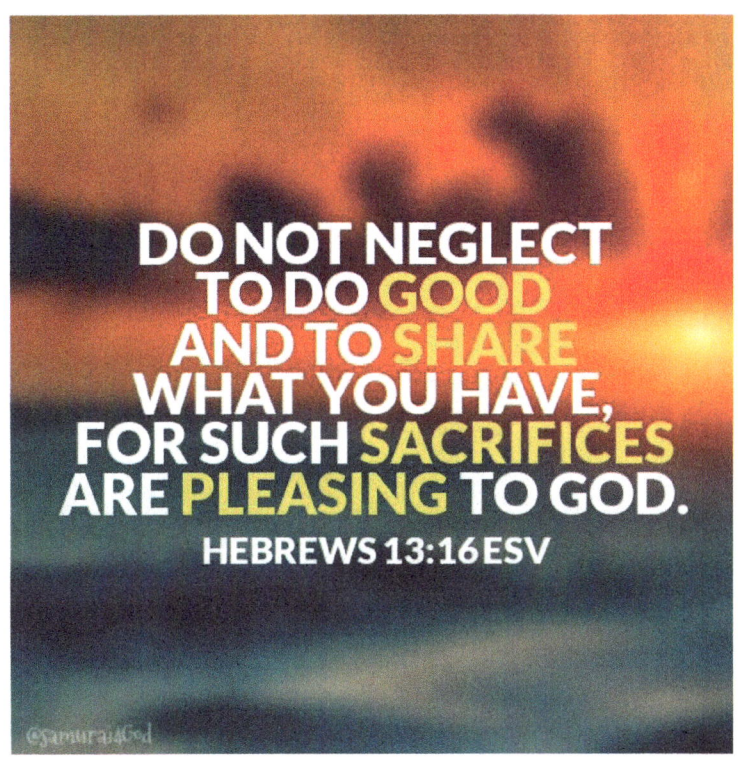

God made each person with special talents and unique gifts. We get the most joy when we use our God-given talents, gifts and abilities to help other less fortunate people. The Lord equips those who are called to serve. God wants to work through you. Happiness comes when we serve others and obey God's commandments. Experience the transforming power of God's grace in your life. Don't find yourself too consumed by your own issues, problems and responsibilities to think about others. Without the desire in your heart, you'll end up serving for the wrong reasons. This isn't about attempting to gain approval of others or impressing friends or family. You need to serve for the right reasons.

God is far more interested in why you serve others than in how well you serve them.

He's always looking at your heart, serving willingly and eagerly out of love for Jesus and gratitude for all he's done for you. Only a small minority of people use their lives to serve others, You are most like Jesus when you're serving others.

The best place to find opportunities to serve is through your local church. It does not matter if there are things behind the scenes or not visible to others. It's all part of the process. You will find that getting involved is fun and also very rewarding.

Richard Berger 17

Chapter 2 ~The Invitation

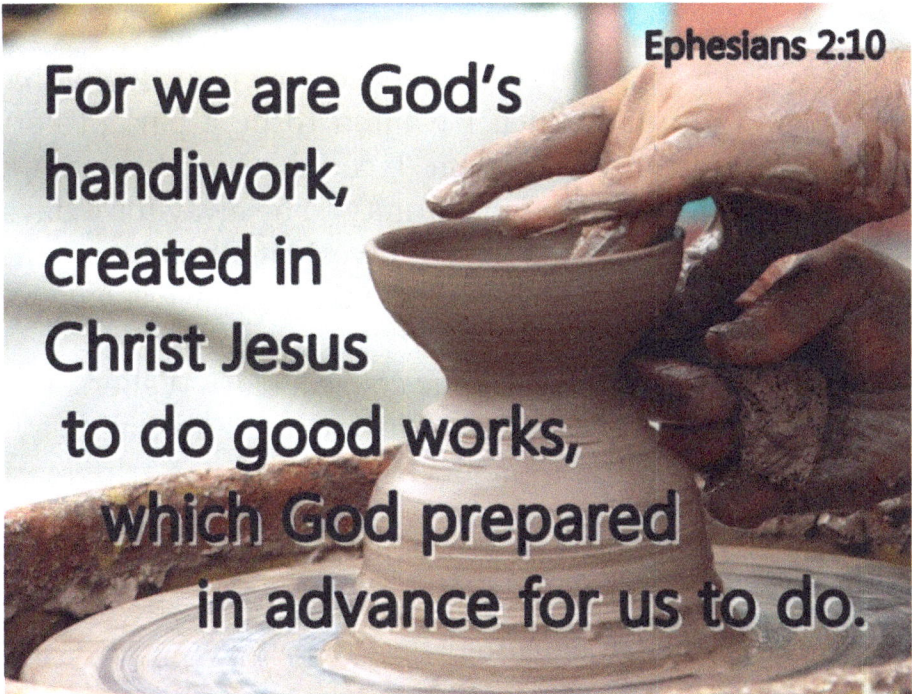

Richard Berger..19

Attending my local church, I watched other people present their experiences after returning from a short mission trip. They spoke about what it meant to be a part of something special. Little did they know what God had in store for them once they began their journey. Many people said it was far more fulfilling spiritually than they ever imagined.

As I sat and listened to their speeches, my heart knew that this was a journey which I wanted to be a part of very soon. No matter what talent I could offer the team, I wanted to go. With any opportunity to be away for 4 days, there are always challenges with work and family. I found myself trying to figure out how to make it all work out.

Then one day a member of our church, Mary Webers. was visiting with me and my wife at our home in Dallas. We somehow got on the topic of the next mission trip. Mary mentioned to both of us that I would enjoy being part of the trip and could offer a lot during the home build. My wife agreed and said that she was ok with me being gone for 4 days and I could arrange for time off work.

Mary responded by inviting me to join the church team on the next mission trip. I was excited beyond words. What had been a dream for me given all that I heard at church was finally going to be a reality for me. My heart was filled with joy. Nothing could have made me happier at that moment. Deep down inside I realized this was my invitation to follow Jesus. Once I had the spiritual awareness of taking my faith to another level, everything would fall into place exactly as God had planned.

This was brand new for me but not for God. It was part of his plan all along. I just needed to become aware in my mind everything would unfold according to his purpose. When you tap into the inner awareness of what God has planned for you, then you can be assured that your experience will be filled with the utmost peace and joy.

"For I know the plans
I have for you,"
declares the Lord,
"plans to prosper you
and not to harm you,
plans to give you
hope and a future."

-Jeremiah 29:11

BibleVerseImages.com

Richard Berger 21

CHAPTER 3 ~BEGIN MISSION

> FOR IT IS GOD WHO WORKS IN YOU TO WILL AND TO ACT IN ORDER TO FULFILL HIS GOOD PURPOSE.
>
> PHILIPPIANS 2:13

Our mission trips began with the entire team meeting at church around 6:00am on a Thursday morning. As we gathered everyone together, you could feel a wonderful spirit in the air. We all knew that our moment had arrived to serve others through God.

The large bus arrived to transport the team to Dallas Fort Worth airport for our flight to San Diego, California. Lots of bags to check along with tubs filled with necessary tools for building a home.

After boarding our flight, we began getting settled with other team members to talk about what service meant to each of us and how God was calling us to serve in the name of Jesus Christ. We all knew that following Jesus meant to serve others.

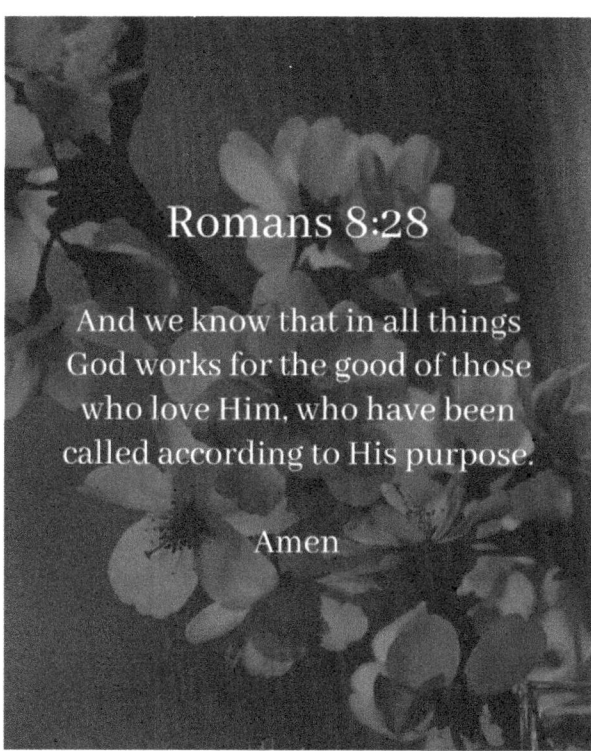

When I was given the opportunity to prepare our daily devotions, I would use the time wisely during the long flight to open the bible and find any scripture that connected our work to serving God.

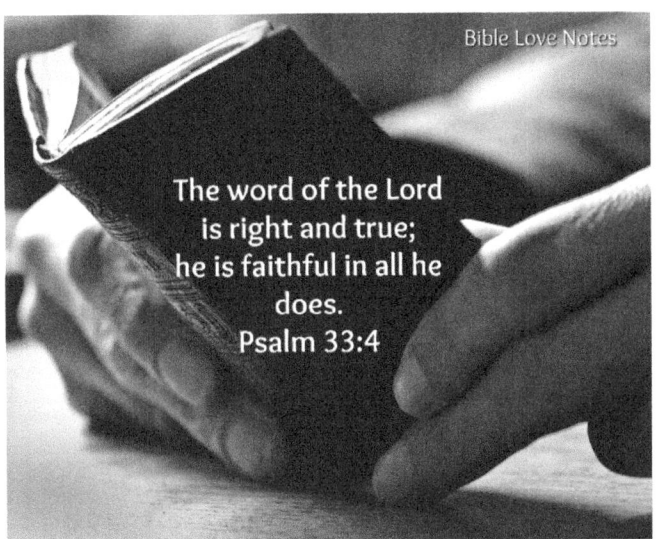

We had 4 mornings to join hands at the job site. This became our morning ritual. I would begin with reading the daily scripture and then proceed to explain how that specific bible verse was a direct connection to the work each of us were doing.

It did not matter if you were swinging a framing hammer, hanging drywall, painting outside walls, spending quality time with local children or handing out bibles. All that mattered is that were there, providing love through our gifts which God had given everyone.

Once we landed in San Diego, California, we all headed to baggage claim to get our bags and building supplies. It was overwhelming to actually see how many items we brought with us. The mission team leaders knew what it would take to build a house in four days, so they were familiar with the drill.

We had not only church members to transport but everything that we brought with us. That meant renting multiple vans to bring everything and everyone across the border from California into Mexico.

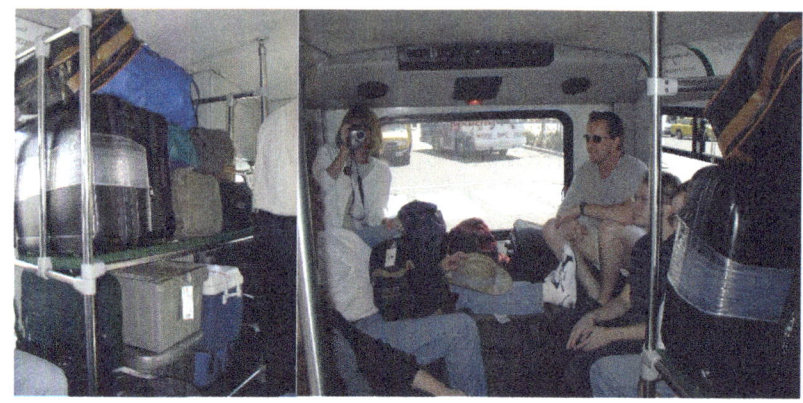

After all of our belongings were loaded into the vans, we proceeded south towards the border. As a routine, we stopped at In & Out Burger for lunch. It was ideal timing since most of us were starving.

Moving on, we met up with our escort from Baja Christian Ministries, Hector Perez. He was essential for us to successfully cross the border. Once we got through the long lines, we were on our way to our job site in Tijuana.

Immediately, we could all witness what life was like for residents of Tijuana. It was nothing at all like California. People in Tijuana had a much poorer lifestyle, which meant for us to be aware of the gifts we were given to help them as much as possible during our trip.

Richard Berger 27

CHAPTER 4 ~ARRIVAL IN TIJUANA

After driving through the small villages and rough roads, we finally arrived at the job. Site. A concrete slab had been poured for the home plus all of the construction materials surrounded the slab. This included sheetrock, lumber, roofing, and insulation. Our friends at Baja Christian Ministries were responsible for selecting the needy family but also for delivering the materials and pouring the concrete slab.

We had everything needed to accomplish our mission. A family selected to receive a new home, members of GPC from Dallas to build the home, all materials and foundation ready to go.

Most importantly, the holy spirit of God joined us all in harmony to serve. Nothing matters more to God than pour ability and willingness to serve others. Each one of us feels a tremendous sense of accomplishment.

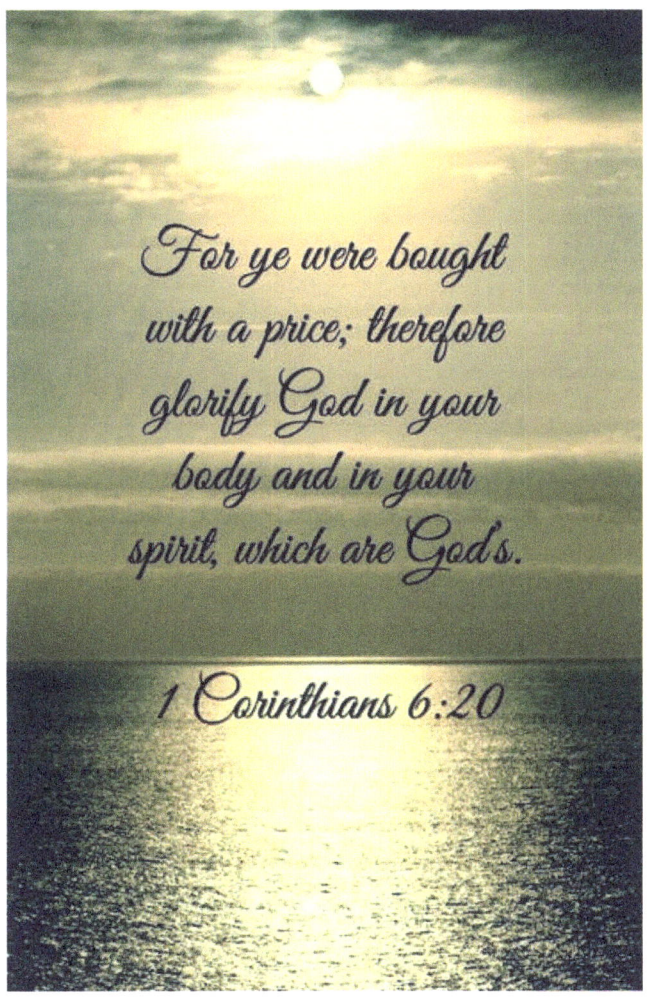

What's more, we all acknowledge that we are serving others through God.

Arriving at the job site had so many wonderful memories. One of the best was how the local people greeted us with love and compassion. They were all very happy. You could see all the children playing, having lots of fun.

It was a time of celebration for them. They were all in for a big surprise because we had not even begun to build their house yet. On the final day, that would be a huge celebration when they see their new home.

CHAPTER 5 ~DEVOTIONS

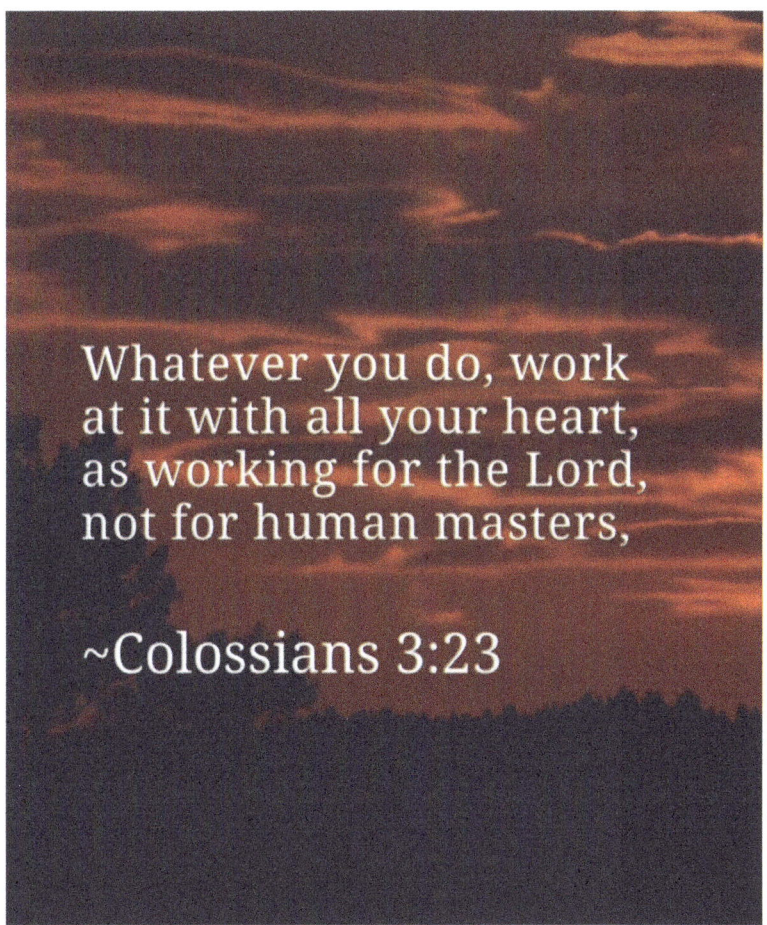

Richard Berger...33

When the day arrives for you to serve, the most important part of your daily routine has to begin with giving thanks to God. The mere acknowledgement of your spiritual gifts to serve others is a huge step in not only your faith but also your relationship with God. For you have been given these special gifts for a reason. Before our work each day, we would all hold hands, bow our heads and pray.

If you get to a job site during a mission trip and just start swinging a hammer, then it's all about you. Instead, take time to slow down, pray and give thanks for your ability to serve others. In that way it will be about serving others through God.

Trust me, you will feel nourished with an overflowing amount of goodness. A feeling which can be hard to describe at times but is best explained by actually doing it.

The best part is that you become closer in your relationship with God, other mission team members and the family receiving the new home. If you want the moment to really hit home, then do what I did many times over my trips. Go visit with the family getting the home and look them in the eyes as you express God's blessing upon them.

The bible says we are all one body created in the image of Christ. We all become more like Christ when we serve.

These mission trips gave me the chance to demonstrate my abilities and God given gifts. In addition, several opportunities to provide value to the entire mission team were generated during the trips. Almost like an onsite epiphany happening in real time.

"God isn't unjust so that he forgets your efforts and the love you have shown for his name's sake when you served and continue to serve God's holy people."

HEBREWS 6:10

It was like God was working through me to expose new ideas to help everyone realize why they were there. When the holy spirit works within you, amazing things can happen.

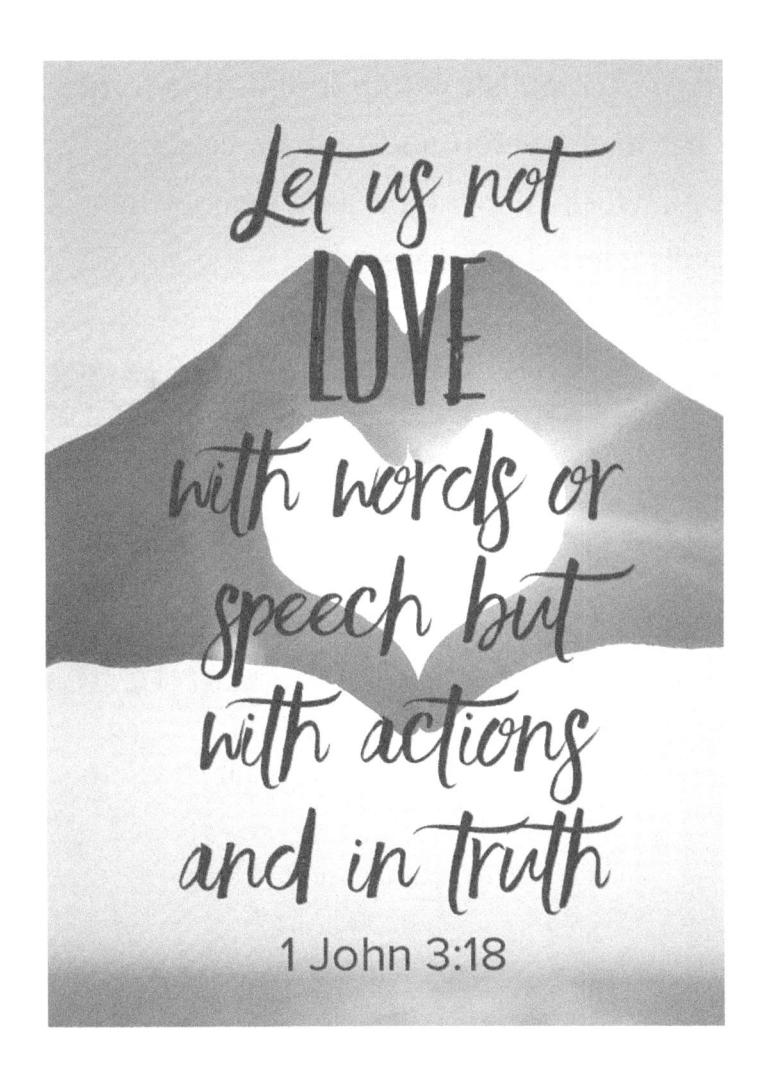

Chapter 6 ~Homebuilding

> Let us not LOVE with words or speech but with actions and in truth
>
> 1 John 3:18

During our 4-day trip, most of the home building occurred on Friday and Saturday. The entire team was all rested and ready to do their building assignments.

We had a foreman on our team that was very well versed in building homes. He knew every single task that was required to accomplish within a tight timeframe. Plus, he knew what each person on the team could and could not do. We all worked together as a team when all of the house walls needed to be erected.

During the first full day of work, we had all walls up with the roof framed and ready for plywood. It was always amazing to see how things came together so quickly.

When you have a dedicated and passionate team working towards the same goal, you become a witness to God working within all of us. Plus, we all knew that our service was truly working for the Lord.

> "Your Father who sees all that is done in secret will reward you."
>
> Matthew 6:1-6,16-18

Regardless of how many years have passed since I went on these trips, I can still remember the joy and happiness on each person's face while doing their share of the work. Nobody was complaining about having too much work.

In fact, each team member was constantly given the opportunity to explore other areas of building to learn and expand their skills. When I was running the sheetrock or painting crews, someone new would jump in and ask to help. Their attitude and smile made all the difference.

When you're tasked with framing a roof or insulating the interior, having a plan, and communicating to their entire team is essential.

Each team was given a specific goal to finish for the day. We stayed at the job site until our task was completed.

If someone needed help, there was always a helping hand nearby. Many of the local people even pitched in to help, mostly with the easy stuff like painting the house exterior.

When you make a commitment to participate in a mission trip, wonderful experiences unfold each day. Things happen for a reason to ensure that your physical and spiritual experience is maximized. It's hard to explain in words but much better to witness firsthand when you're involved in the mission trip.

Richard Berger..41

Chapter 7 ~Fellowship

> Let each of you look not only to his own interests, but also to the interests of others.
> —Phil. 2:4

From my experience, there's nothing in the world that compares with having fellowship with my church members. Beginning at the moment we all me at church to fly to SanDiego and all throughout the trip, we have multiple opportunities to spend with each other. Not only sharing our own personal goals for the trip but also expressing our personal interests to grow in our faith and serve others with passion and love.

> Three things will last forever--
>
> faith, hope, & love--
>
> and the greatest of these is LOVE.
>
> -1 Corinthians 13:13

Our purpose and mission were to build hope by serving others in need. This includes our brothers and sisters.

All of us share a common bond where Jesus Christ is our Lord and Savior.

As my previous pastor once said, we were created by God to grow in our relationship with others and with God as well. Mission trips are a great vehicle to develop relationships with our fellow church members, More importantly, our pastor wanted each of us to return back home transformed on the inside. People made the most of each moment, spending time with other members and quality time with the locals too. You could see in their eyes that something good was enlightening their day.

Fellowship can often denote a group of people who share the same interests and purpose. An environment that binds us all together in Christ is what missions are all about.

CHAPTER 8 ~FINAL DAY

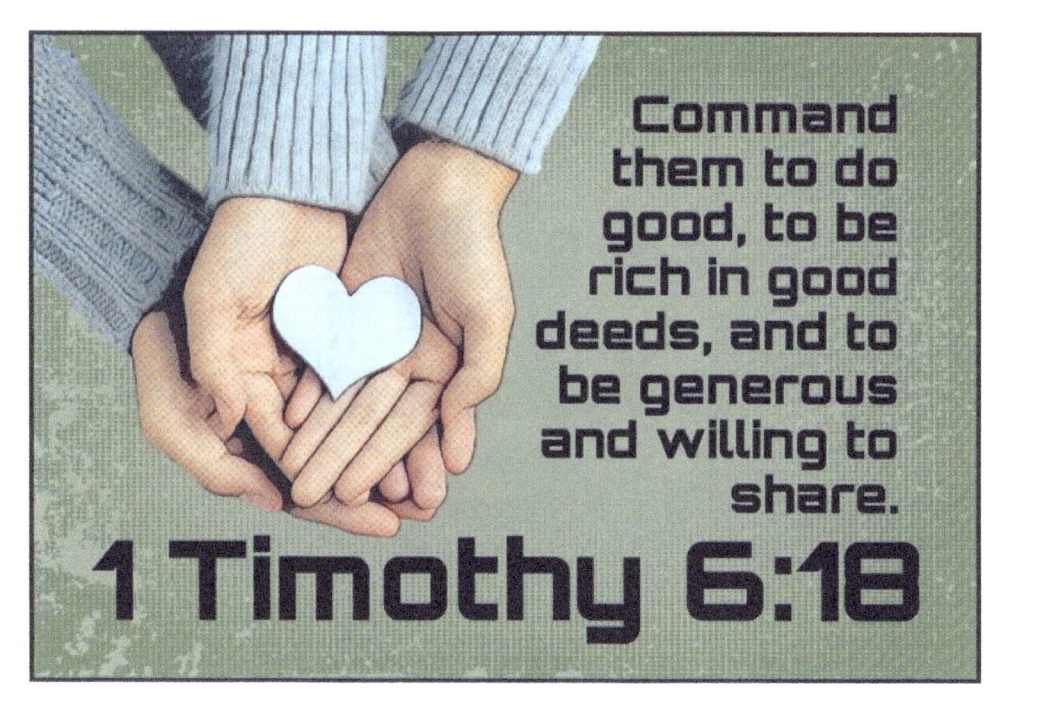

> Command them to do good, to be rich in good deeds, and to be generous and willing to share.
>
> **1 Timothy 6:18**

As we enter the final day of our trip which falls on a Sunday, there are many small things that need to be finished. This includes cleaning the windows and floors along with installing some furnishings for the new family to enjoy.

We also had a wonderful opportunity to take lots of group photos, some with just the team members and other pictures that include the families receiving the new house.

48...Serving Others Through God

Richard Berger..49

Upon completion of every home or church, there was this immense feeling of satisfaction. It's something which I carried with me not only when we finished working but also when I made the commitment to go again. Being generous with your time for the good of others less fortunate is both fulfilling and enlightening.

> "Don't forget to do good and to share what you have because God is pleased with these kinds of sacrifices."
>
> **HEBREWS 13:16**

These types of events you can do with your local church will give you a great sense of accomplishment.

Richard Berger 51

CHAPTER 9 ~HOME DEDICATION

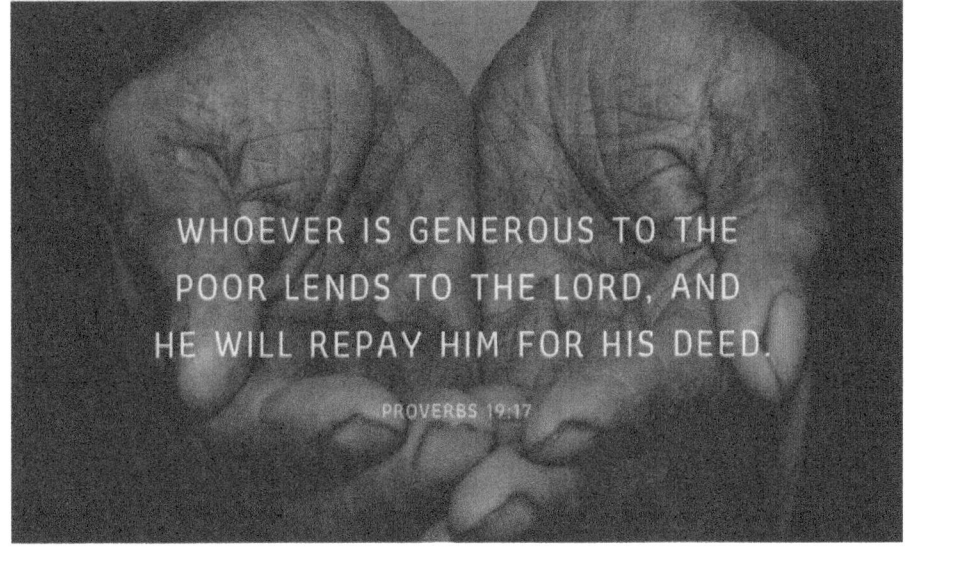

> WHOEVER IS GENEROUS TO THE POOR LENDS TO THE LORD, AND HE WILL REPAY HIM FOR HIS DEED.
>
> PROVERBS 19:17

The overall experience of being a part of these trips is definitely worth it, no matter how long or how hard you worked every day. My motto was always the same. We can rest when we get home.

As a tradition, we ended the final day dedicating the home to the needy family. Several of us would present gifts, but my favorite part was saying a prayer to the family and then handing them the keys. It was quite an emotional moment for both sides. One I will never forget.

This was the time when everything started to sink in. All of the events leading up to our arrival, daily devotionals, building the house, fellowship with everyone, group photos and home dedication. In my mind, I began to connect the dots realizing that this family had been praying for a better life which meant having a nice warm home to live in and raise their family.

We were all working for the glory of the Lord. In reality God was using all of us as vehicles to answer their prayers.

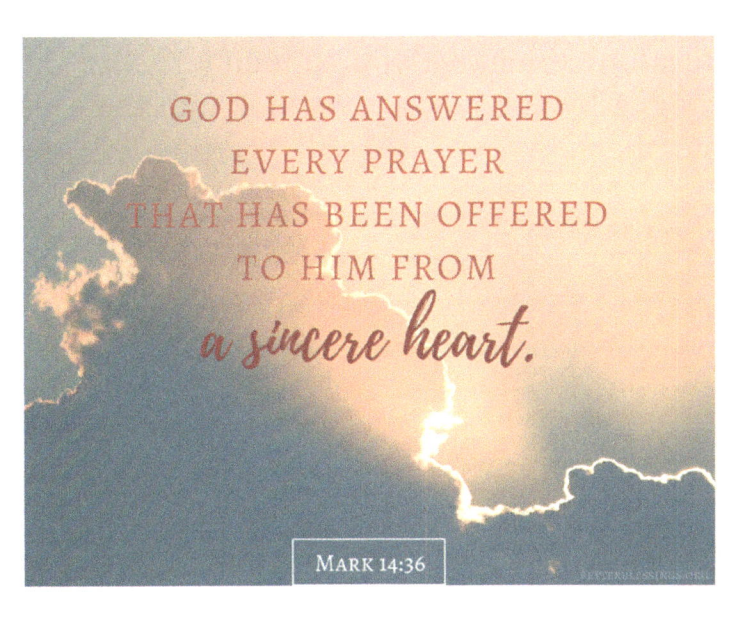

> GOD HAS ANSWERED EVERY PRAYER THAT HAS BEEN OFFERED TO HIM FROM *a sincere heart.*
>
> MARK 14:36

When I personally made the connection, it changed my life forever. I was never the same. You could say that I had a spiritual awakening. My entire soul had experienced a glorious transformation.

> DO NOT CONFORM ANY LONGER TO THE PATTERN OF THIS WORLD, BUT BE TRANSFORMED BY THE RENEWING OF YOUR MIND.
>
> – ROMANS 12:2

Richard Berger..55

When you become part of something special, your heart is filled with joy, kindness, love, clarity, faithfulness, and humility. God gave you special gifts to help others. During the home dedication ceremony, you suddenly realize the true gift of giving. All you have to do is look into the eyes of the family members.

If you want to focus on what matters in your life and what matters most to God, then take the time to get involved to help others no matter where it might be located. You will be happy with your decision. After my first mission, I wanted to go again and again. Every trip was different in its own special way. That's what made it so exciting. Memories that will last a lifetime. After returning home, I realized how much I had acquired in my life. Much more than I really needed. Counting my blessings every day was the beginning, then getting rid of anything I did not need.

CHAPTER 10 ~ MISSION ACCOMPLISHED

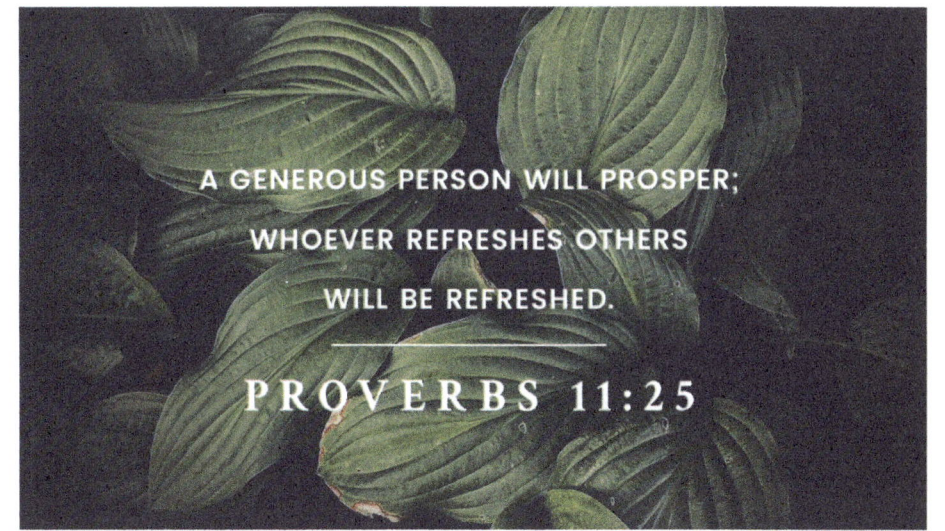

When you set out on a mission to serve others, you have a sense of purpose. The larger the mission, the more planning is required. Lots of people at church worked many hours behind the scenes to coordinate everything. This included recruiting the mission trip team, arranging for everything to be in order once we arrived in Tijuana, making sure we all had a place to eat, shower and sleep for 3 nights. Once we completed our mission project, there was cause for celebration.

A tremendous feeling of accomplishment was in the air. We all witnessed God at work to bring everyone together. Even though we built single family homes on most trips, there was one occasion where we built a church. As you can see from the picture above, the local pastor was very excited to have a new place of worship.

As hard as we all worked to complete the project on time, nobody complained about being tired or sore. In that moment of celebration, none of that mattered. We all felt very fortunate to be a part of something special.

> Rejoice and be glad, for your reward will be great in heaven
> — Matthew 5:12

Since many of the local residents realized what we had done for families and the community, they all showed up on the last day to eat, drink and have fellowship together. It was like one big party of joy and excitement. Having a chance to mingle and hug local people was my favorite part. You could get up close to see how much of our efforts meant to all of them.

Later in the day we would catch a plane home. Waving goodbye to everyone was a bittersweet moment in time that I will always remember. We were all headed home to our warm comfortable homes in Dallas. Their environment was totally different. By the grace of God, we brought their standard of living up a big notch. For that, they were eternally grateful.

CHAPTER 11 ~TESTIMONIAL

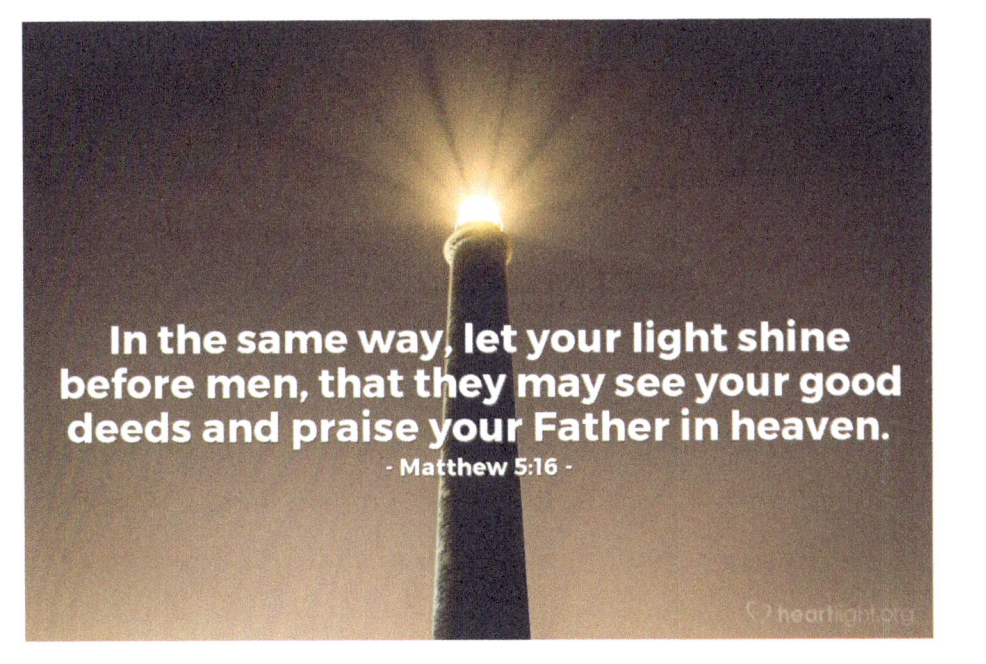

> In the same way, let your light shine before men, that they may see your good deeds and praise your Father in heaven.
> - Matthew 5:16 -

Fast forward in time. We are now all back home. Spending time with our families, taking showers, enjoying all of the benefits of our residences. But what comes next?

Gratitude! We all realize how good life can be, but it takes more than just peaceful thoughts. As many of us experienced on the mission trips, it was more than building a house or church in Mexico. We needed to experience God at work in our lives, to make the connection and to be transformed on the inside, building a closer relationship with God.

During the week of our return, my associate pastor called me and invited me to provide a testimony during the upcoming Sunday services. I was both honored and excited. For as I witnessed so many times at church hearing from other members who had attended mission trips, now it was my turn.

As I gave some thought to what I would say, I envisioned myself in the audience. What would I want to hear about the trip? Why would I take the time to go? What would I learn? Would it be a chance to build relationships with others from church? Would I need special building skills to make the cut? What would the conditions be like in Mexico? All of these questions came to mind.

In the end, I decided to not rehearse or write any note cards for my testimony. Rather, I made the decision to just let the Lord speak through me. No notes. No cards. No rehearsal. No presentation. Let it all come out naturally.

With that approach, I felt totally comfortable. Making eye contact with everyone listening to me. I wanted the testimony to be genuine, speaking from the heart. Most of all, my goal was to get our members to understand that the trip was much more than swinging a hammer or installing a roof. Rather, it was all about the wonderful experiences that God puts in front of you and understanding how those experiences would help you grow spiritually.

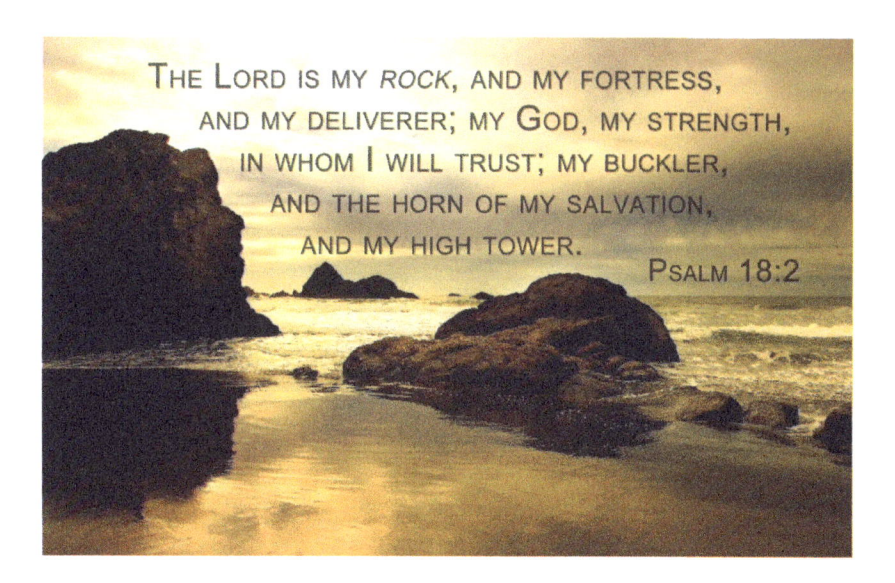

> THE LORD IS MY *ROCK*, AND MY FORTRESS, AND MY DELIVERER; MY GOD, MY STRENGTH, IN WHOM I WILL TRUST; MY BUCKLER, AND THE HORN OF MY SALVATION, AND MY HIGH TOWER.
> PSALM 18:2

To this day, I will always cherish those trips. It brought so much meaning to my life. Praise the Lord!

Richard Berger..63

CHAPTER 12 ~ ABOUT THE AUTHOR

Richard is a devoted Christian who finds passion in writing and sharing his life experiences with other believers. He was born and raised in the suburbs of Chicago. As a graduate of Loyola University of Chicago, he began his career in Technology and subsequently was transferred to Dallas, Texas where he raised his two daughters. He developed a love for road biking.

He participated in 7 mission trips to Tijuana with his church. He initiated daily devotions with the home building crew before work began for everyone to connect the work they were doing with verses in the bible. His mission experiences totally changed his life and the lives of many others.

Richard enjoys reading the bible every morning, walking, skiing, spending quality time with family and socializing with the local residents. He now resides in a charming log cabin overlooking the San Juan Mountains in Lake City, Colorado where he constantly finds inspiration for writing and growing in his faith.

Richard Berger 65

Spanish Version

SERVE OTHERS

Richard Berger 67

SERVIR A LOS DEMÁS A TRAVÉS DE DIOS

RICHARD BERGER

Introducción

Este libro sirve como testimonio de mis experiencias en varios viajes misioneros a Tijuana, México con la Iglesia Presbiteriana Grace en Plano, Texas. De 2002 a 2007, participé en 7 viajes en total. Cada viaje fue único y diferente en muchos sentidos. Ya sea que estuviéramos construyendo una casa, una escuela dominical o una iglesia durante un período de cuatro días, Dios nos estaba dirigiendo en cada paso del viaje.

Desde el momento en que me invitaron a asistir a mi primer viaje, supe que Dios estaba trabajando para unir a nuestro equipo para responder a las oraciones de tantas personas que necesitaban un lugar decente para que sus familias vivieran.

A lo largo de este libro, proporcionaré muchos relatos de cuando vi a Dios obrando. Esto puede ser tanto físico como espiritual. Después de todo, los viajes misioneros son alentados por nuestra iglesia para cambiarte por dentro. Haciéndote tener una relación más cercana con Dios. Brindándole la experiencia no solo de servir a los necesitados, sino también de encontrar una inmensa gratitud por lo que cada uno de nosotros ha recibido cuando regresamos a casa.

Estos viajes me abrieron los ojos a un nuevo significado en la vida. Fui cambiado espiritualmente por dentro para siempre.

Reconocimientos

Permítanme comenzar mostrando agradecimiento y aprecio por todo lo que se puso a mi disposición a través de Larry Thorsen, Pastor Asociado, en la Iglesia Presbiteriana Grace (GPC) en Plano, Texas. A partir de la guía y la pasión de Larry por servir, creó un Grupo Misionero para construir hogares para personas menos afortunadas en Tijuana, México.

El presupuesto del equipo misionero provino de las ofrendas de los miembros y se utilizó para financiar los materiales de construcción de viviendas coordinados a través de Baja Christian Ministries (BCM), en California.

A mi buen amigo y fundador de Baja Christian Ministries (BCM), Bob Sanders, quiero agradecerle personalmente por su apoyo, amistad y pasión inquebrantable para guiar a otras personas a Cristo.

Siempre hacía referencia a versículos de la Biblia que significaban mucho para él, la mayor parte de su inspiración provenía de Isaías 58. Servir a los demás es su pasión. Creó un ministerio maravilloso para cambiar la vida de las personas en Tijuana, México, mediante la construcción de nuevas casas. Siempre me trataba como a un padre, demostrando bondad y compasión. Por eso estoy eternamente agradecida.

A Mary Webers, Líder del Equipo Misionero de GPC, por darme la oportunidad y el aliento para hacer mi primer viaje misionero. Ella fue extremadamente alentadora y vio los talentos que Dios me había dado y que harían una gran diferencia en nuestros viajes misioneros.

A Rodney Scott y Al Day, líderes del equipo misionero de GPC, por ayudarme a guiarme en cada fase del proceso de construcción. Me pusieron a trabajar en todas las áreas correctas en las que podía ofrecer el mejor valor. Ambos eran verdaderos artesanos en la construcción de casas y poseían una verdadera pasión por servir a los necesitados. Les agradezco que hayan mostrado fe en mí no solo para dirigir los devocionales diarios, sino también para dirigir las dedicaciones del hogar.

Capítulo 1 ~ Servir a los demás

As each one has received a special gift, employ it in serving one another as good stewards of the manifold grace of God.

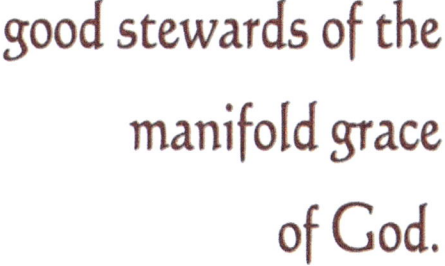

1 Peter 4:10

Todos tenemos una noción de lo que significa servir a los demás. Hasta que realmente nos comprometemos con un evento, realmente no sabemos hasta qué punto realmente cambiaremos. En el mundo acelerado de hoy, puede ser muy difícil alejarse por un día de un fin de semana o una semana fuera de casa, lo que puede ser literalmente imposible.

Créanme, he estado en ambas situaciones cuando se me ha dado la oportunidad de servir. Hace muchos años, cuando asistía a la iglesia en el norte de Texas, me presentaron a un grupo de personas que coordinaban cualquier evento que involucrara estar al servicio de los demás. Esto incluyó no solo visitar refugios para personas sin hogar para alimentar a cientos de personas, sino también pasar tiempo alimentando y consolando a las personas que viven debajo de un puente o viajando en un viaje misionero de cuatro días para construir un nuevo hogar modesto para alguien.

A medida que todos crecemos y maduramos en nuestras vidas, a menudo tenemos pensamientos de cosas que podríamos hacer para que nuestras vidas tengan más significado. Muchos de nosotros buscamos algo que nos haga sentir bien al ayudar a otros que lo necesitan. Cuando nos involucramos en un evento de caridad local o en un viaje misionero corto, sentimos un sentido de propósito y satisfacción en nuestro interior. Si eres parte de un equipo que se une desde tu iglesia local, entonces no solo sientes una sensación de satisfacción, sino que también tienes la oportunidad de crecer en comunión con otros miembros de la iglesia. Al servir a los demás, Jesús hizo lo que su padre quería que hiciera. Cuando servimos a otra persona, realmente estamos sirviendo a Dios.

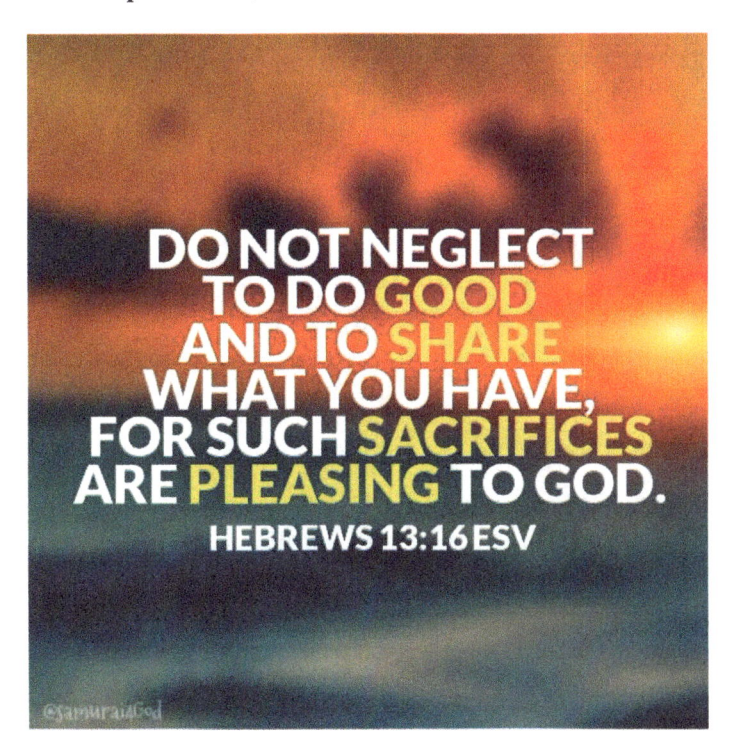

Dios hizo a cada persona con talentos especiales y dones únicos. Obtenemos el mayor gozo cuando usamos los talentos, dones y habilidades que Dios nos ha dado para ayudar a otras personas menos afortunadas. El Señor equipa a los que son llamados a servir. Dios quiere obrar a través de ti. La felicidad llega cuando servimos a los demás y obedecemos los mandamientos de Dios. Experimenta el poder transformador de la gracia de Dios en tu vida. No te encuentres demasiado consumido por tus propios asuntos, problemas y responsabilidades como para pensar en los demás. Sin el deseo en tu corazón, terminarás sirviendo por las razones equivocadas. No se trata de intentar obtener la aprobación de los demás o impresionar a amigos o familiares. Necesitas servir por las razones correctas.

Dios está mucho más interesado en por qué sirves a los demás que en lo bien que los sirves.

Él siempre está mirando tu corazón, sirviendo de buena gana y con entusiasmo por amor a Jesús y gratitud por todo lo que ha hecho por ti. Solo una pequeña minoría de personas usan sus vidas para servir a los demás, Eres más como Jesús cuando estás sirviendo a los demás.

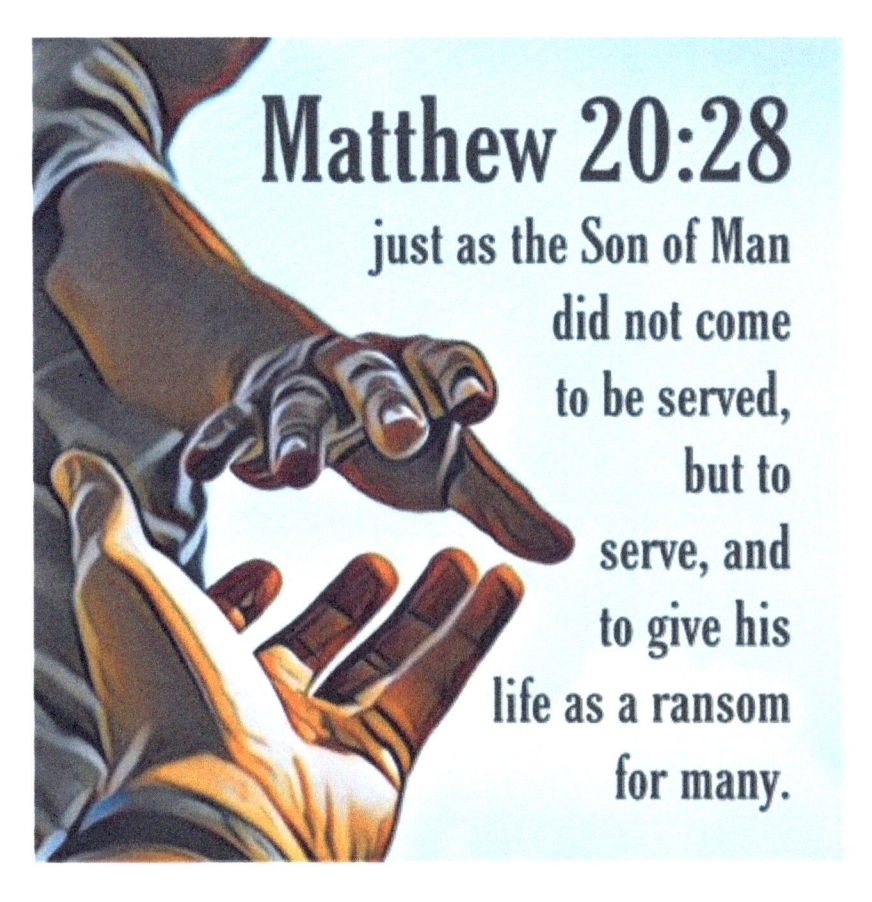

El mejor lugar para encontrar oportunidades para servir es a través de su iglesia local. No importa si hay cosas detrás de escena o no visibles para los demás. Todo es parte del proceso. Descubrirás que involucrarse es divertido y también muy gratificante.

Richard Berger 79

Capítulo 2 ~La invitación

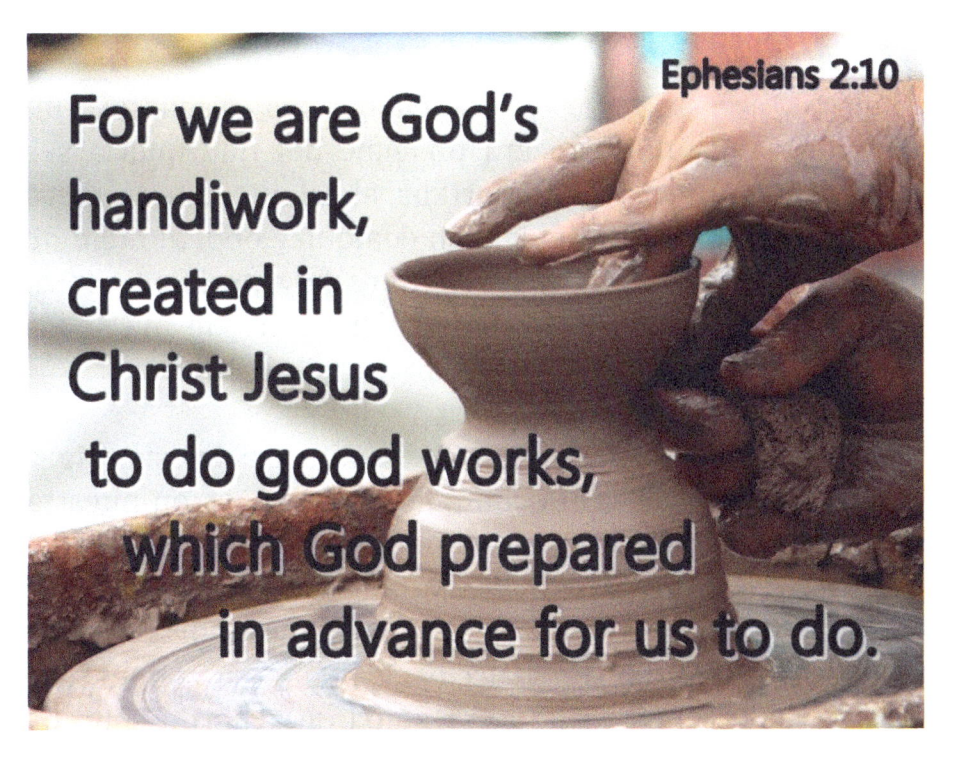

> For we are God's handiwork, created in Christ Jesus to do good works, which God prepared in advance for us to do.
>
> Ephesians 2:10

Al asistir a mi iglesia local, vi a otras personas presentar sus experiencias después de regresar de un corto viaje misionero. Hablaron sobre lo que significaba ser parte de algo especial. Poco sabían lo que Dios les tenía reservado una vez que comenzaron su viaje. Muchas personas dijeron que era mucho más satisfactorio espiritualmente de lo que jamás imaginaron.

Mientras me sentaba y escuchaba sus discursos, mi corazón sabía que este era un viaje del que quería ser parte muy pronto. No importaba el talento que pudiera ofrecer al equipo, quería ir. Con cualquier oportunidad de estar fuera durante 4 días, siempre hay desafíos con el trabajo y la familia. Me encontré tratando de averiguar cómo hacer que todo funcionara.

Entonces, un día, un miembro de nuestra iglesia, Mary Webers. estaba de visita conmigo y mi esposa en nuestra casa en Dallas. De alguna manera llegamos al tema del próximo viaje misionero. Mary nos mencionó a los dos que me gustaría ser parte del viaje y que podría ofrecer mucho durante la construcción de la casa. Mi esposa estuvo de acuerdo y dijo que estaba de acuerdo con que me fuera por 4 días y que podía organizar un tiempo libre en el trabajo.

Mary respondió invitándome a unirme al equipo de la iglesia en el próximo viaje misionero. Estaba emocionado más allá de las palabras. Lo que había sido un sueño para mí, dado todo lo que escuché en la iglesia, finalmente iba a ser una realidad para mí. Mi corazón se llenó de alegría.

Nada podría haberme hecho más feliz en ese momento. En el fondo me di cuenta de que esta era mi invitación a seguir a Jesús. Una vez que tuviera la conciencia espiritual de llevar mi fe a otro nivel, todo encajaría exactamente como Dios lo había planeado.

Esto era completamente nuevo para mí, pero no para Dios. Era parte de su plan desde el principio. Solo necesitaba darme cuenta en mi mente de que todo se desarrollaría de acuerdo con su propósito. Cuando accedes a la conciencia interior de lo que Dios ha planeado para ti, entonces puedes estar seguro de que tu experiencia estará llena de la mayor paz y alegría.

> "For I know the plans
> I have for you,"
> declares the Lord,
> "plans to prosper you
> and not to harm you,
> plans to give you
> hope and a future."
>
> –Jeremiah 29:11
>
> BibleVerseImages.com

Richard Berger..83

Capítulo 3 ~ Comienza la misión

> FOR IT IS GOD WHO WORKS IN YOU TO WILL AND TO ACT IN ORDER TO FULFILL HIS GOOD PURPOSE.
>
> PHILIPPIANS 2:13

Richard Berger

Nuestros viajes misioneros comenzaron con la reunión de todo el equipo en la iglesia alrededor de las 6:00 a.m. de un jueves por la mañana. Mientras reuníamos a todos, se podía sentir un espíritu maravilloso en el aire. Todos sabíamos que había llegado nuestro momento de servir a los demás a través de Dios.

El autobús grande llegó para transportar al equipo al aeropuerto de Dallas Fort Worth para nuestro vuelo a San Diego, California. Muchas bolsas para revisar junto con tinas llenas de herramientas necesarias para construir una casa.

Después de abordar nuestro vuelo, comenzamos a acomodarnos con otros miembros del equipo para hablar sobre lo que significaba el servicio para cada uno de nosotros y cómo Dios nos estaba llamando a servir en el nombre de Jesucristo. Todos sabíamos que seguir a Jesús significaba servir a los demás.

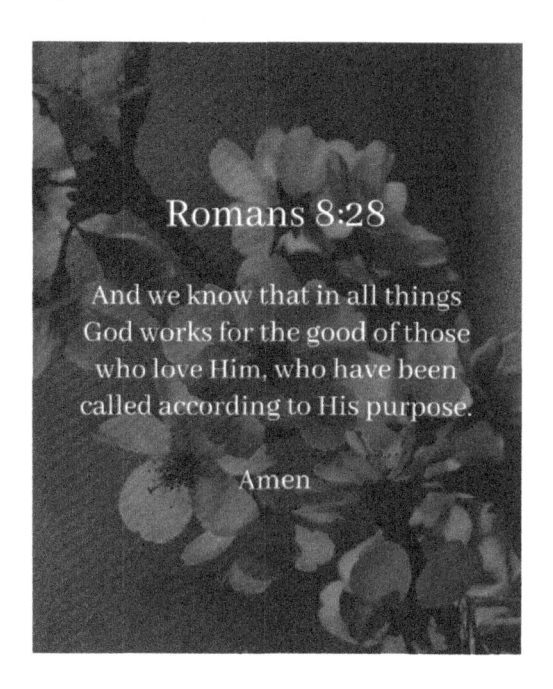

Cuando se me daba la oportunidad de preparar nuestros devocionales diarios, usaba el tiempo sabiamente durante el largo vuelo para abrir la Biblia y encontrar cualquier pasaje de las Escrituras que conectara nuestro trabajo con el servicio a Dios.

> Bible Love Notes
>
> The word of the Lord is right and true; he is faithful in all he does.
> Psalm 33:4

Tuvimos 4 mañanas para unirnos en el lugar de trabajo. Esto se convirtió en nuestro ritual matutino. Comenzaría leyendo las Escrituras diarias y luego procedería a explicar cómo ese versículo bíblico específico era una conexión directa con el trabajo que cada uno de nosotros estaba haciendo.

No importaba si estabas balanceando un martillo para enmarcar, colgando paneles de yeso, pintando paredes exteriores, pasando tiempo de calidad con niños locales o repartiendo biblias. Todo lo que importaba era que estuviéramos allí, brindando amor a través de nuestros dones que Dios nos había dado a todos.

Una vez que aterrizamos en San Diego, California, todos nos dirigimos a la zona de recogida de equipajes para recoger nuestras maletas y materiales de construcción. Fue abrumador ver la cantidad de artículos que trajimos con nosotros. Los líderes del equipo misionero sabían lo que se necesitaría para construir una casa en cuatro días, por lo que estaban familiarizados con el simulacro.

No solo teníamos que transportar a los miembros de la iglesia, sino todo lo que traíamos con nosotros. Eso significaba alquilar varias camionetas para llevar todo y a todos a través de la frontera desde California hasta México.

Después de cargar todas nuestras pertenencias en las camionetas, nos dirigimos hacia el sur hacia la frontera. Como rutina, nos detuvimos en In & Out Burger para almorzar. Era el momento ideal ya que la mayoría de nosotros nos moríamos de hambre. Continuando, nos reunimos con nuestro escolta de Baja Christian Ministries, Héctor Pérez. Fue esencial para que pudiéramos cruzar la frontera con éxito. Una vez que superamos las largas filas, nos dirigimos a nuestro lugar de trabajo en Tijuana.

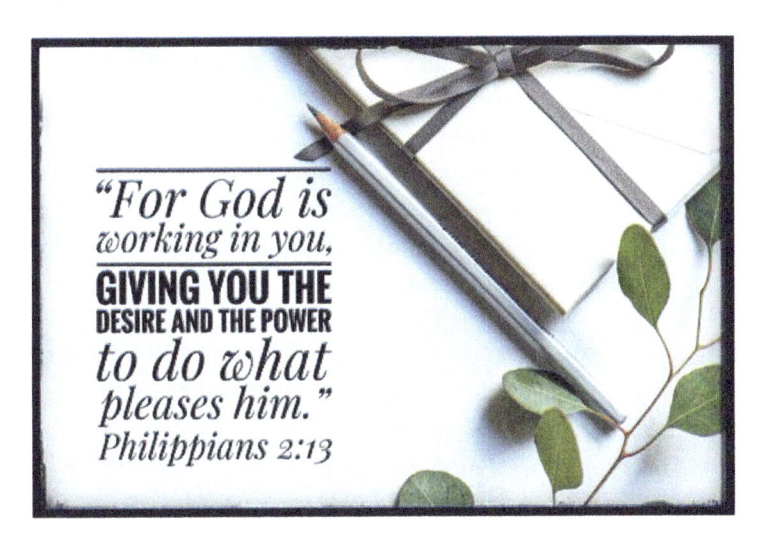

"For God is working in you, GIVING YOU THE DESIRE AND THE POWER to do what pleases him."
Philippians 2:13

De inmediato, todos pudimos ser testigos de cómo era la vida de los habitantes de Tijuana. No se parecía en nada a California. La gente en Tijuana tenía un estilo de vida mucho más pobre, lo que significaba que estábamos al tanto de los regalos que nos daban para ayudarlos en todo lo posible durante nuestro viaje.

Richard Berger...........89

Capítulo 4 ~Llegada a Tijuana

Después de conducir a través de los pequeños pueblos y las carreteras en mal estado, finalmente llegamos al trabajo. Sitio. Se había vertido una losa de concreto para la casa, además de que todos los materiales de construcción rodeaban la losa. Esto incluía placas de yeso, madera, techos y aislamiento. Nuestros amigos de Baja Christian Ministries fueron responsables de seleccionar a la familia necesitada, pero también de entregar los materiales y verter la losa de concreto.

Teníamos todo lo necesario para cumplir nuestra misión. Una familia seleccionada para recibir un nuevo hogar, miembros de GPC de Dallas para construir el hogar, todos los materiales y cimientos listos para usar.

Lo más importante es que el espíritu santo de Dios nos unió a todos en armonía para servir. Nada le importa más a Dios que derramar la capacidad y la voluntad de servir a los demás. Cada uno de nosotros siente una tremenda sensación de logro.

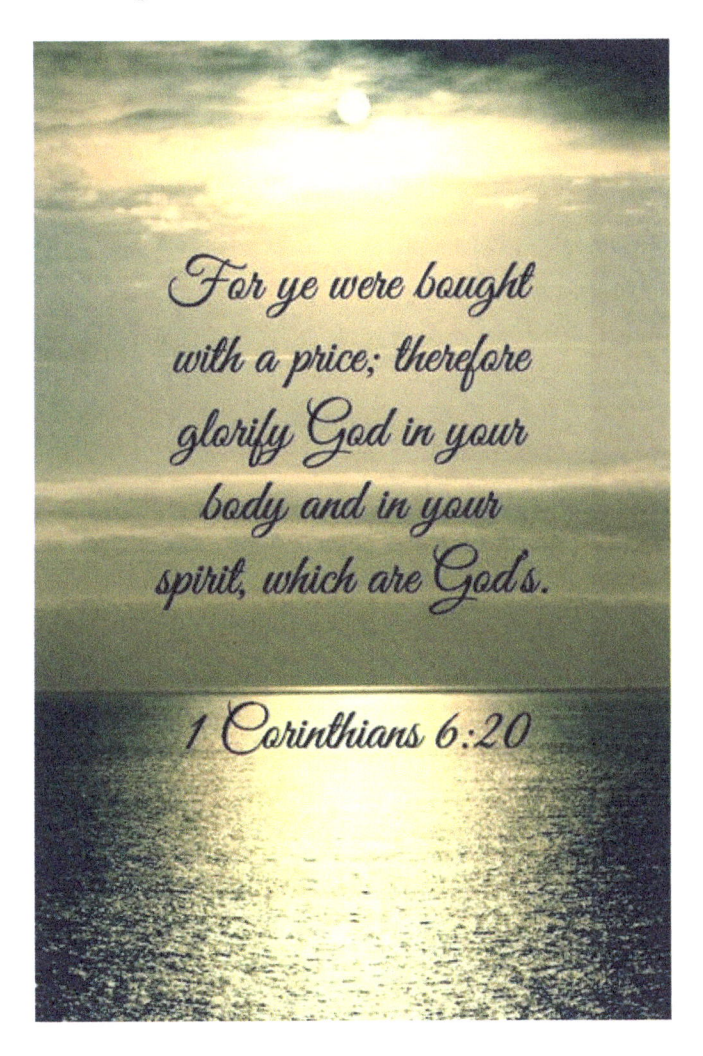

> *For ye were bought with a price; therefore glorify God in your body and in your spirit, which are God's.*
>
> *1 Corinthians 6:20*

Es más, todos reconocemos que estamos sirviendo a los demás a través de Dios.

Llegar al lugar de trabajo me trajo muchos recuerdos maravillosos. Uno de los mejores fue cómo la gente local nos recibió con amor y compasión. Todos estaban muy felices. Podías ver a todos los niños jugando, divirtiéndose mucho.

Fue un momento de celebración para ellos. Todos se llevaron una gran sorpresa porque aún no habíamos empezado a construir su casa. El último día, sería una gran celebración cuando vean su nuevo hogar.

Capítulo 5 ~Devociones

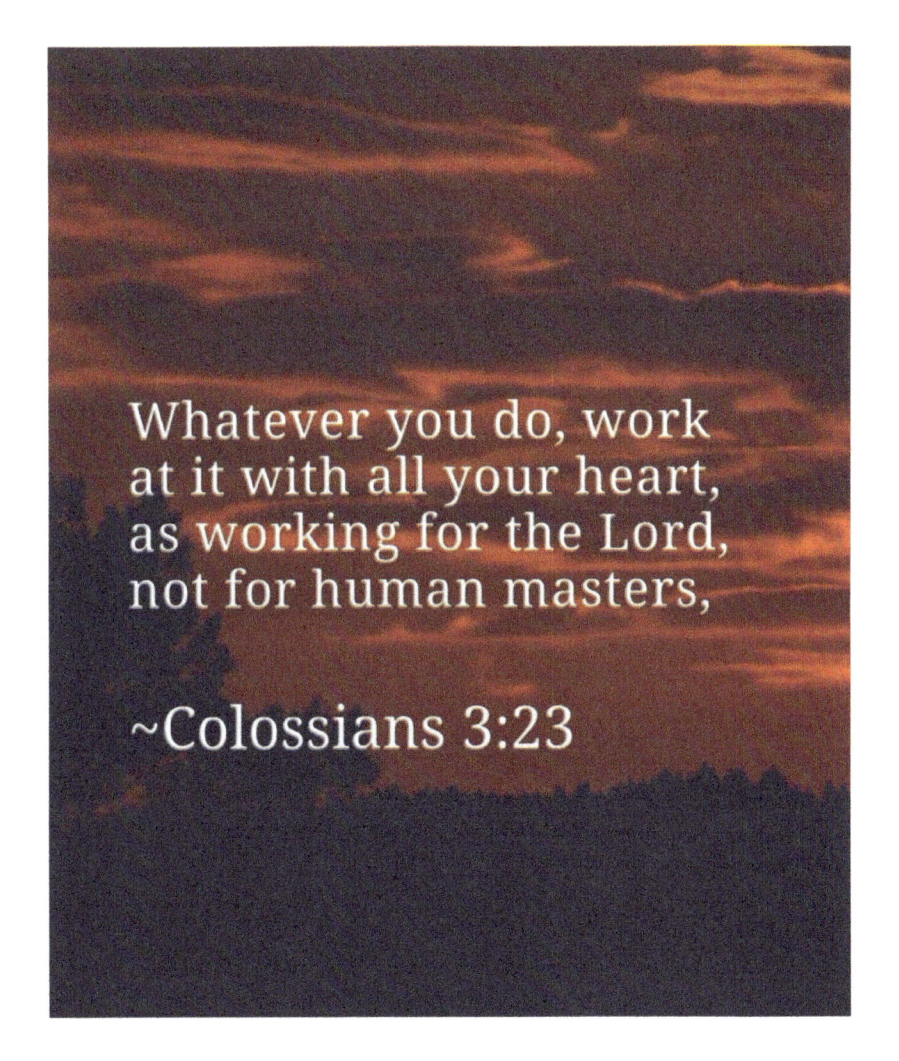

> Whatever you do, work at it with all your heart, as working for the Lord, not for human masters,
>
> ~Colossians 3:23

Cuando llegue el día de servir, la parte más importante de tu rutina diaria tiene que comenzar con dar gracias a Dios. El mero reconocimiento de tus dones espirituales para servir a los demás es un gran paso no solo en tu fe, sino también en tu relación con Dios. Porque se te han dado estos dones especiales por una razón. Antes de nuestro trabajo, todos nos tomábamos de las manos, inclinábamos la cabeza y orábamos.

Si llegas a un lugar de trabajo durante un viaje misionero y comienzas a blandir un martillo, entonces todo se trata de ti. En su lugar, tómese el tiempo para reducir la velocidad, orar y dar gracias por su capacidad de servir a los demás. De esa manera se tratará de servir a los demás a través de Dios.

Créeme, te sentirás nutrido con una cantidad desbordante de bondad. Un sentimiento que a veces puede ser difícil de describir, pero que se explica mejor haciéndolo realmente.

La mejor parte es que te acercas más a tu relación con Dios, con otros miembros del equipo misionero y con la familia que recibe el nuevo hogar. Si quieres que el momento realmente llegue a casa, entonces haz lo que yo hice muchas veces durante mis viajes. Vaya a visitar a la familia que recibe la casa y mírelos a los ojos mientras expresa la bendición de Dios sobre ellos.

La Biblia dice que todos somos un solo cuerpo creado a imagen de Cristo. Todos nos volvemos más como Cristo cuando servimos.

Estos viajes misioneros me dieron la oportunidad de demostrar mis habilidades y los dones que Dios me dio. Además, durante los viajes se generaron varias oportunidades para aportar valor a todo el equipo de la misión. Casi como una epifanía in situ que ocurre en tiempo real.

> "God isn't unjust so that he forgets your efforts and the love you have shown for his name's sake when you served and continue to serve God's holy people."
>
> **HEBREWS 6:10**

Era como si Dios estuviera trabajando a través de mí para exponer nuevas ideas para ayudar a todos a darse cuenta de por qué estaban allí. Cuando el espíritu santo obra dentro de ti, pueden suceder cosas asombrosas.

Capítulo 6 ~Construcción de viviendas

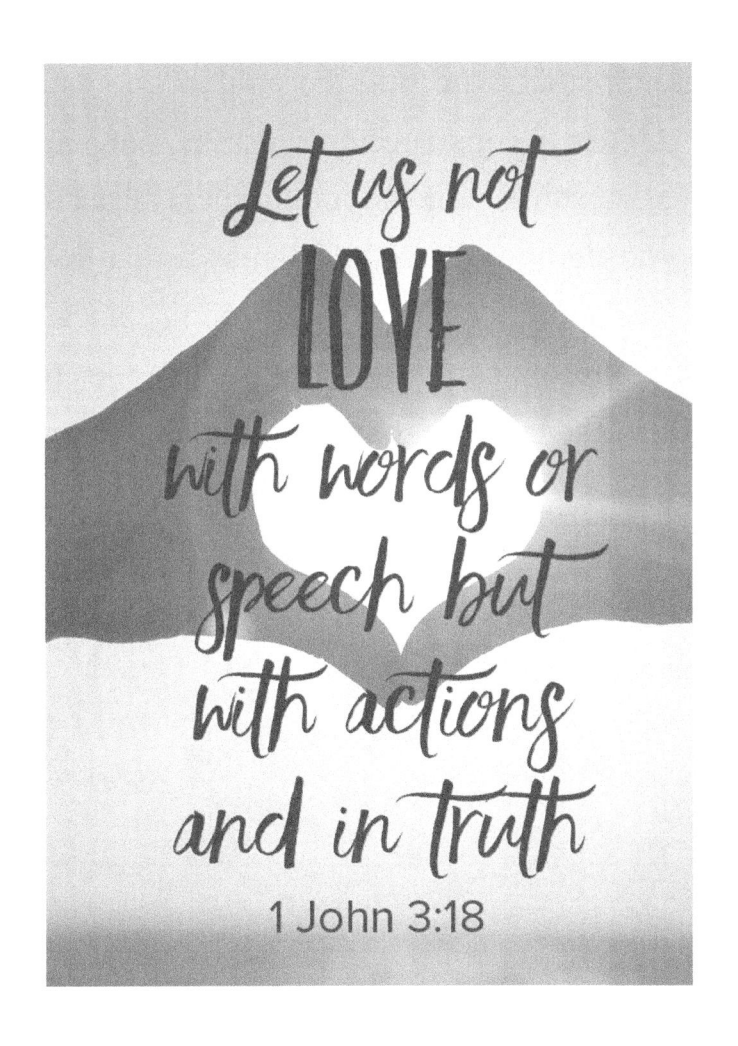

> Let us not LOVE with words or speech but with actions and in truth
> 1 John 3:18

Durante nuestro viaje de 4 días, la mayor parte de la construcción de viviendas se produjo el viernes y el sábado. Todo el equipo estaba descansado y listo para hacer sus tareas de construcción.

Teníamos un capataz en nuestro equipo que estaba muy bien versado en la construcción de casas. Conocía todas y cada una de las tareas que se requerían realizar dentro de un marco de tiempo ajustado. Además, sabía lo que cada persona del equipo podía y no podía hacer. Todos trabajamos juntos como un equipo cuando todas las paredes de la casa necesitaban ser erigidas.

Durante el primer día completo de trabajo, teníamos todas las paredes levantadas con el techo enmarcado y listo para la madera contrachapada. Siempre fue increíble ver cómo las cosas se juntaban tan rápido.

Cuando tienes un equipo dedicado y apasionado que trabaja hacia el mismo objetivo, te conviertes en un testigo de Dios obrando dentro de todos nosotros. Además, todos sabíamos que nuestro servicio realmente estaba trabajando para el Señor.

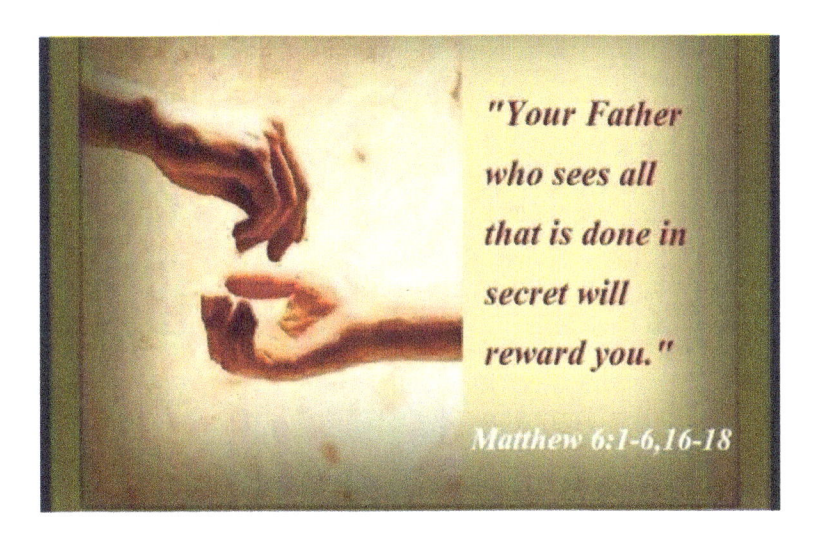

Independientemente de cuántos años hayan pasado desde que hice estos viajes, todavía puedo recordar la alegría y la felicidad en el rostro de cada persona mientras hacía su parte del trabajo. Nadie se quejaba de tener demasiado trabajo.

De hecho, a cada miembro del equipo se le dio constantemente la oportunidad de explorar otras áreas de la construcción para aprender y ampliar sus habilidades. Cuando dirigía los equipos de yeso o pintura, alguien nuevo intervenía y pedía ayuda. Su actitud y sonrisa marcaron la diferencia.

Cuando se le asigna la tarea de enmarcar un techo o aislar el interior, es esencial tener un plan y comunicarse con todo su equipo.

A cada equipo se le asignó un objetivo específico para terminar el día. Nos quedamos en el lugar de trabajo hasta que terminamos nuestra tarea.

Si alguien necesitaba ayuda, siempre había una mano amiga cerca. Muchos de los lugareños incluso colaboraron para ayudar, sobre todo con las cosas fáciles como pintar el exterior de la casa.

Cuando te comprometes a participar en un viaje misionero, cada día se desarrollan experiencias maravillosas. Las cosas suceden por una razón para asegurar que tu experiencia física y espiritual se maximice. Es difícil de explicar con palabras, pero es mucho mejor presenciarlo de primera mano cuando estás involucrado en el viaje misionero.

Richard Berger 103

Capítulo 7 ~Compañerismo

> Let each of you look not only to his own interests, but also to the interests of others.
> —Phil. 2:4

Desde mi experiencia, no hay nada en el mundo que se compare con tener comunión con los miembros de mi iglesia. A partir del momento en que todos estamos en la iglesia para volar a San Diego y durante todo el viaje, tenemos múltiples oportunidades para pasar juntos. No solo compartiendo nuestras propias metas personales para el viaje, sino también expresando nuestros intereses personales para crecer en nuestra fe y servir a los demás con pasión y amor.

> Three things will last forever--
>
> faith, hope, & love--
>
> and the greatest of these is LOVE.
>
> -1 Corinthians 13:13

Nuestro propósito y misión era construir esperanza sirviendo a los necesitados. Esto incluye a nuestros hermanos y hermanas.

Todos compartimos un vínculo común en el que Jesucristo es nuestro Señor y Salvador.

Como dijo una vez mi pastor anterior, fuimos creados por Dios para crecer en nuestra relación con los demás y también con Dios. Los viajes misioneros son un gran vehículo para desarrollar relaciones con nuestros compañeros miembros de la iglesia, y lo que es más importante, nuestro pastor quería que cada uno de nosotros regresara a casa transformado por dentro. La gente aprovechó al máximo cada momento, pasando tiempo con otros miembros y tiempo de calidad con los lugareños también. Podías ver en sus ojos que algo bueno estaba iluminando su día.

El compañerismo a menudo puede denotar un grupo de personas que comparten los mismos intereses y propósito. Un ambiente que nos une a todos en Cristo es de lo que se tratan las misiones.

Capítulo 8 ~Día Final

> Command them to do good, to be rich in good deeds, and to be generous and willing to share.
> **1 Timothy 6:18**

A medida que entramos en el último día de nuestro viaje, que cae en domingo, hay muchas cosas pequeñas que deben terminarse. Esto incluye la limpieza de las ventanas y los pisos, junto con la instalación de algunos muebles para que la nueva familia disfrute.

También tuvimos la maravillosa oportunidad de tomar muchas fotos grupales, algunas solo con los miembros del equipo y otras fotos que incluyen a las familias que reciben la nueva casa.

BUILDING HOPE
Grace Presbyterian Church
Plano, Texas

BUILDING HOPE
Grace Presbyterian Church
Plano, Texas
Iglesia Presbiteriana
Gracia Divina
Plano, Texas, Estados Unidos De America
La Esperanza Que Construye

Richard Berger..111

Al terminar cada hogar o iglesia, había un inmenso sentimiento de satisfacción. Es algo que llevé conmigo no solo cuando terminamos de trabajar, sino también cuando me comprometí a volver a ir. Ser generoso con tu tiempo para el bien de los menos afortunados es a la vez satisfactorio y esclarecedor.

"Don't forget to do good and to share what you have because God is pleased with these kinds of sacrifices."

HEBREWS 13:16

Este tipo de eventos que puedes hacer con tu iglesia local te darán una gran sensación de logro.

Richard Berger..113

Capítulo 9 ~ Dedicatoria del hogar

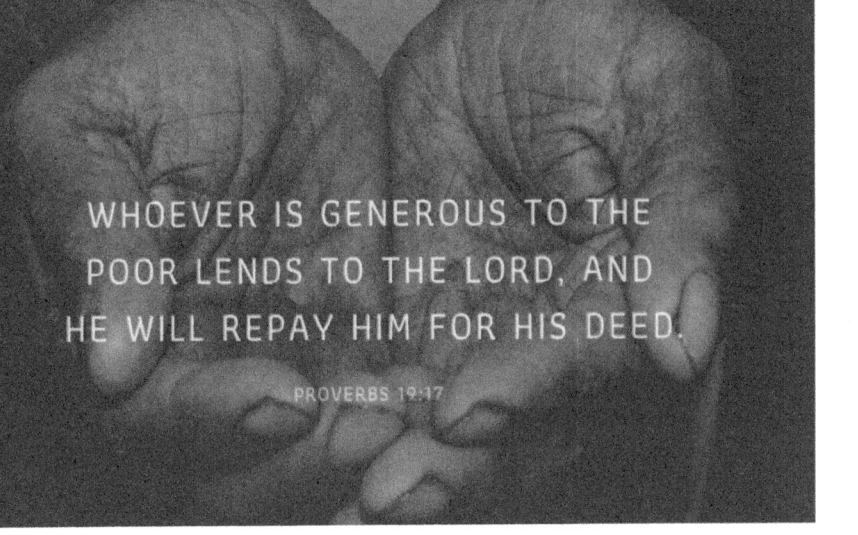

> WHOEVER IS GENEROUS TO THE POOR LENDS TO THE LORD, AND HE WILL REPAY HIM FOR HIS DEED.
>
> PROVERBS 19:17

La experiencia general de ser parte de estos viajes definitivamente vale la pena, sin importar cuánto tiempo o qué tan duro trabajes todos los días. Mi lema siempre fue el mismo. Podemos descansar cuando lleguemos a casa.

Como es tradición, terminamos el último día dedicando el hogar a la familia necesitada. Varios de nosotros presentábamos regalos, pero mi parte favorita era decir una oración a la familia y luego entregarles las llaves. Fue un momento muy emotivo para ambas partes. Uno que nunca olvidaré.

Este fue el momento en que todo comenzó a asimilarse. Todos los eventos previos a nuestra llegada, los devocionales diarios, la construcción de la casa, el compañerismo con todos, las fotos grupales y la dedicación del hogar. En mi mente, comencé a conectar los puntos al darme cuenta de que esta familia había estado orando por una vida mejor, lo que significaba tener un hogar agradable y cálido para vivir y criar a su familia.

Todos estábamos trabajando para la gloria del Señor. En realidad, Dios nos estaba usando a todos como vehículos para responder a sus oraciones.

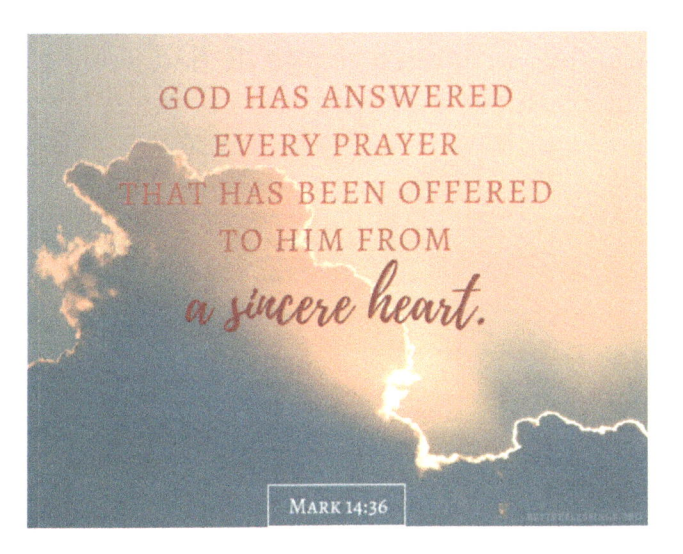

Cuando hice personalmente la conexión, cambió mi vida para siempre. Nunca volví a ser el mismo. Se podría decir que tuve un despertar espiritual. Toda mi alma había experimentado una gloriosa transformación.

Cuando te conviertes en parte de algo especial, tu corazón se llena de alegría, bondad, amor, claridad, fidelidad y humildad. Dios te dio dones especiales para ayudar a los demás. Durante la ceremonia de dedicación del hogar, de repente te das cuenta del verdadero regalo de dar. Todo lo que tienes que hacer es mirar a los ojos de los miembros de la familia.

Si quieres enfocarte en lo que importa en tu vida y en lo que más le importa a Dios, entonces tómate el tiempo para involucrarte y ayudar a los demás sin importar dónde se encuentren. Estarás contento con tu decisión. Después de mi primera misión, quise ir una y otra vez. Cada viaje era diferente a su manera. Eso es lo que lo hizo tan emocionante. Recuerdos que durarán toda la vida. Después de regresar a casa, me di cuenta de lo mucho que había adquirido en mi vida. Mucho más de lo que realmente necesitaba. Contar mis bendiciones todos los días fue el comienzo, luego deshacerme de todo lo que no necesitaba.

Capítulo 10 ~ Misión cumplida

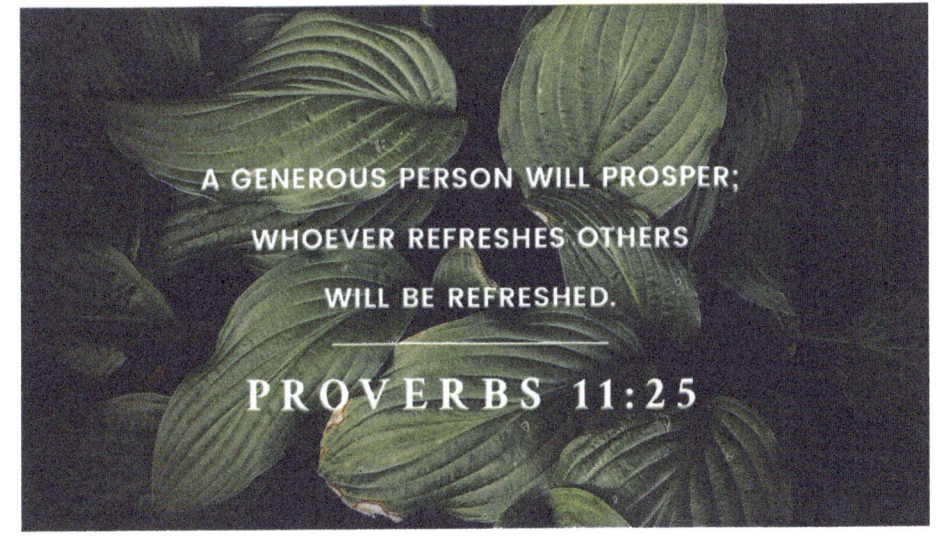

Cuando te embarcas en una misión para servir a los demás, tienes un sentido de propósito. Cuanto más grande es la misión, más planificación se requiere. Mucha gente en la iglesia trabajó muchas horas detrás de escena para coordinar todo. Esto incluyó reclutar al equipo del viaje misionero, hacer arreglos para que todo estuviera en orden una vez que llegáramos a Tijuana, asegurarse de que todos tuviéramos un lugar para comer, ducharnos y dormir durante 3 noches. Una vez que completamos nuestro proyecto misionero, hubo motivo de celebración.

Una tremenda sensación de logro estaba en el aire. Todos fuimos testigos de la obra de Dios para unir a todos. A pesar de que construimos casas unifamiliares en la mayoría de los viajes, hubo una ocasión en la que construimos una iglesia. Como se puede ver en la imagen de arriba, el pastor local estaba muy emocionado de tener un nuevo lugar de culto.

A pesar de lo duro que todos trabajamos para completar el proyecto a tiempo, nadie se quejó de estar cansado o dolorido. En ese momento de celebración, nada de eso importaba. Todos nos sentimos muy afortunados de ser parte de algo especial.

> Rejoice and be glad, for your reward will be great in heaven
> ~ Matthew 5:12 ~

Dado que muchos de los residentes locales se dieron cuenta de lo que habíamos hecho por las familias y la comunidad, todos se presentaron el último día para comer, beber y tener compañerismo juntos. Fue como una gran fiesta de alegría y emoción. Tener la oportunidad de mezclarme y abrazar a la gente local fue mi parte favorita. Podrías acercarte para ver cuánto de nuestros esfuerzos significaron para todos ellos.

Más tarde en el día tomaríamos un avión de regreso a casa. Despedirme de todos fue un momento agridulce que siempre recordaré. Todos nos dirigíamos a casa, a nuestras cálidas y cómodas casas en Dallas. Su entorno era totalmente diferente. Por la gracia de Dios, elevamos su nivel de vida a un gran nivel. Por eso, estaban eternamente agradecidos.

Capítulo 11 ~ Testimonio

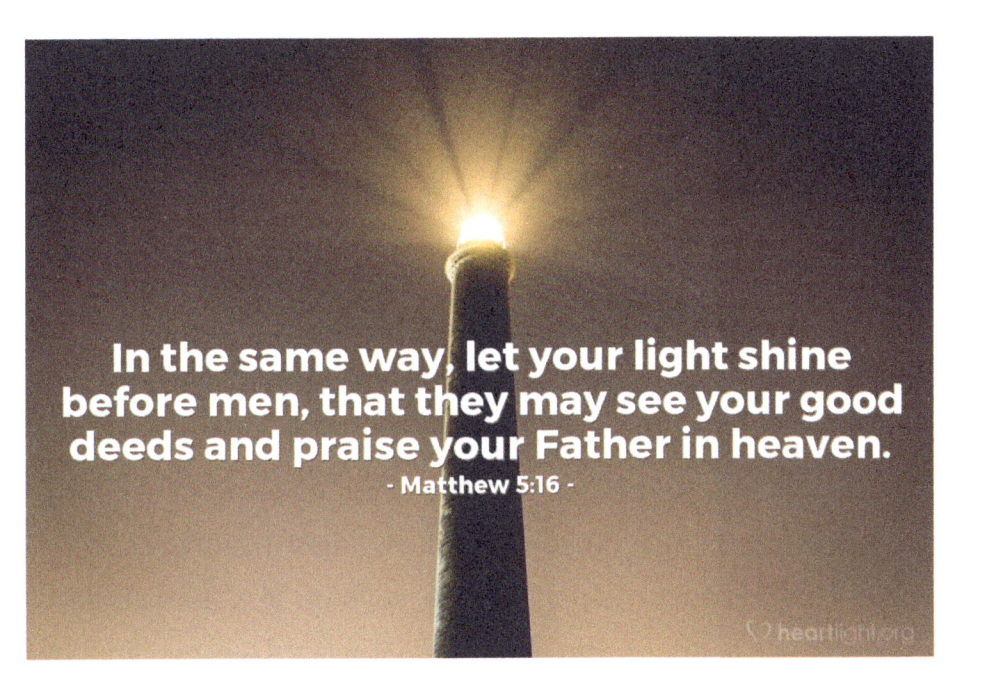

> In the same way, let your light shine before men, that they may see your good deeds and praise your Father in heaven.
> - Matthew 5:16 -

Avance rápido en el tiempo. Ahora estamos todos de vuelta en casa. Pasar tiempo con nuestras familias, ducharnos, disfrutar de todos los beneficios de nuestras residencias. Pero, ¿qué viene después? ¡Gratitud! Todos nos damos cuenta de lo buena que puede ser la vida, pero se necesita algo más que pensamientos pacíficos. Como muchos de nosotros experimentamos en los viajes misioneros, fue más que construir una casa o una iglesia en México. Necesitábamos experimentar a Dios obrando en nuestras vidas, hacer la conexión y ser transformados por dentro, construyendo una relación más cercana con Dios.

Durante la semana de nuestro regreso, mi pastor asociado me llamó y me invitó a dar un testimonio durante los próximos servicios dominicales. Me sentí honrado y emocionado a la vez. Porque como testifiqué tantas veces en la iglesia escuchando a otros miembros que habían asistido a viajes misioneros, ahora era mi turno. Mientras pensaba un poco en lo que iba a decir, me imaginé a mí mismo en la audiencia. ¿Qué me gustaría escuchar sobre el viaje? ¿Por qué me tomaría el tiempo de ir? ¿Qué aprendería? ¿Sería una oportunidad para construir relaciones con otros miembros de la iglesia? ¿Necesitaría habilidades especiales de construcción para pasar el corte? ¿Cómo serían las condiciones en México? Todas estas preguntas me vinieron a la mente.

Al final, decidí no ensayar ni escribir ninguna tarjeta de notas para mi testimonio. Más bien, tomé la decisión de dejar que el Señor hablara a través de mí. Sin notas. Nada de tarjetas. No hay ensayos. No hay presentación. Deja que todo salga de forma natural.

Con ese enfoque, me sentí totalmente cómodo. Hacer contacto visual con todos los que me escuchan. Quería que el testimonio fuera genuino, que hablara desde el corazón. Sobre todo, mi objetivo era que nuestros miembros entendieran que el viaje era mucho más que blandir un martillo o instalar un techo. Más bien, se trataba de las maravillosas experiencias que Dios pone frente a ti y de entender cómo esas experiencias te ayudarían a crecer espiritualmente.

> The Lord is my ROCK, and my fortress, and my deliverer; my God, my strength, in whom I will trust; my buckler, and the horn of my salvation, and my high tower. PSALM 18:2

Hasta el día de hoy, siempre apreciaré esos viajes. Le dio mucho sentido a mi vida. ¡Alabado sea el Señor!

Richard Berger 125

Capítulo 12 ~Sobre el autor

Richard es un cristiano devoto que encuentra pasión en escribir y compartir sus experiencias de vida con otros creyentes. Nació y creció en los suburbios de Chicago. Como graduado de la Universidad Loyola de Chicago, comenzó su carrera en Tecnología y posteriormente fue transferido a Dallas, Texas, donde crió a sus dos hijas. Desarrolló un amor por el ciclismo de carretera.

Participó en 7 viajes misioneros a Tijuana con su iglesia. Inició devocionales diarios con el equipo de construcción de la casa antes de que comenzara el trabajo para que todos conectaran el trabajo que estaban haciendo con los versículos de la Biblia. Sus experiencias misioneras cambiaron totalmente su vida y la de muchos otros.

A Richard le gusta leer la Biblia todas las mañanas, caminar, esquiar, pasar tiempo de calidad con la familia y socializar con los residentes locales. Ahora reside en una encantadora cabaña de madera con vista a las montañas de San Juan en Lake City, Colorado, donde constantemente encuentra inspiración para escribir y crecer en su fe.